AF269348

Bienvenidos y bienvenidas al maravilloso mundo del cuento ilustrado.

Apuleyo Ediciones desea a todos los niños y niñas una feliz lectura que inspire vidas y llene de valores sus sueños.

¡Comenzamos!

© Jorge Aranda Zarzuela (de la obra)

©Apuleyo Ediciones (de esta edición)

Primera edición en Apuleyo Ediciones: septiembre 2024

Diseño de cubierta: Sofía Corzo González

Corrección: Aitor Andreu Guerrero

Maquetación: Ernesto Pérez Martínez

Ilustraciones: Chantal Núñez

Coordinación editorial: Isidoro Cidre González

info@apuleyoediciones.com

www.apuleyoediciones.com

ISBN: 978-84-1060-043-0

Depósito legal: H 647-2023

Hecho e impreso en España.

Todos mis
Monstruos

A Hugo, Unai, Laia, Eric, Oier e Izan, por ayudarme
a convertir sus miedos en mis monstruos.
Y a todos mis monstruos, por acompañarme siempre.

A Guzmán, Beltrán, Aitana y Mario, por devolverme
a ratitos a la niña que nunca he dejado de ser.
A los que han cogido las pinturas conmigo
para cumplir un sueño en forma de cuento.

Hola, ¿estás ahí?

Sí, tú, ¿estás ahí? Ah, sí, perdona. Es que no te veía sin mis gafas.

¿Sabes?, justo ahora me iba a dar de comer a todos mis monstruos. ¿Te quieres venir?

Oye, una cosa...
No te darán miedo los monstruos, ¿no?

¿Te cuento un secreto? A mí antes me daban muchísimo miedo **los monstruos,** pero ya no me dan ninguno.

¿Quieres seguirme y te los presento?

Mira, este es **mi monstruo de las ventanas**. Solo aparecía cuando yo quería mirar por una de ellas. Tiene grandes alas, **garras** afiladas, le encanta usar sombrero y coleccionar hojas secas.

COCOROTO

Este de aquí es el **monstruo de las tormentas**. Le gustaba venir a verme los días que había una con muchos rayos y truenos. Tiene una verruga en la nariz y PINCHOS por todo el cuerpo.

Le encanta jugar a la pelota bajo la lluvia, y que le cuenten el cuento de Cocoroto antes de irse a dormir.

Este es mi monstruo de la vergüenza
y siempre aparecía cuando iba a cantar
o bailar delante de mucha gente.

Tiene unas orejas
enormes y los ojos rojos.
Le encanta ir a la piscina
y jugar al escondite.

Este es el **monstruo de las cortinas.** Le encantaba esconderse detrás de ellas, aunque, normalmente, siempre se le veían los pies por debajo.

Tiene tres dedos en cada mano y dos grandes **cuernos**. Le gusta mucho cantar y los baños calientes con mucha espuma.

Este de aquí es mi **monstruo de la soledad.** Siempre venía cuando creía que me quedaba solo. Tiene los brazos muy largos y las piernas cortas; también le encanta contar chistes y *disfrazarse* de superhéroe.

Este que ves es el **monstruo de la oscuridad** y es mi favorito. Solo salía cuando apagaba la luz. Tiene cinco ojos, cuatro dientes, y le encanta escuchar música e ir a la fiesta de las bestias a bailar.

Este que da tanto miedo es el **monstruo de los ruidos** y le encantaba salir cuando había algún ruido **fuerte** que yo no conocía.

Tiene cuatro brazos y dos
cabezas; le encanta
cocinar y montar
en bicicleta.

Este otro es el **monstruo de debajo de la cama** y le gustaba esconderse siempre debajo de la mía. Tiene el cuerpo lleno de *escamas* y un pequeño cuerno en la frente.

También le gustan los juegos de construcciones
y le encanta aprender idiomas.

Este último **monstruo es el de los armarios** y se escondía siempre allí dentro. Tiene los dientes muy AFILADOS y pinzas de cangrejo en vez de manos. Le encanta probarse ropa y le gusta mucho dibujar.

Mallorca
beach

Ale, pues ya conoces a todos mis monstruos. Son **TERRORÍFICOS**, ¿verdad? Pues a mí no me dan nada de miedo. ¿Quieres saber por qué? Pues todo empezó el día en el que me di cuenta de que mis monstruos eran solo míos y nadie más los podía ver. Yo le decía a mi **padre**: "Creo que hay un monstruo dentro del armario", y él miraba, pero nunca veía nada.

Otro día le decía a mi **madre**: "Mamá, creo que hay un monstruo debajo de la cama", pero por mucho que ella miraba, tampoco lo encontraba. Y eso me pasaba siempre con todos **mis monstruos**.

Entonces, me di cuenta de que ellos no los podían ver porque eran **mis monstruos** y no los suyos; cada uno tenemos nuestros propios monstruos que solo nosotros podemos ver. Oye, ¿tú también tienes tus monstruos? ¿Y cuáles son? ¡Deben ser **TERRORÍFICAMENTE** molones! ¿Y todavía quieres saber por qué no me dan miedo **mis monstruos**? ¿Te cuento mi secreto? Ven, acércate que te lo cuento al oído.

He descubierto que sobre **mis monstruos** mando yo. Sí, sí, lo que oyes. Ellos están deseando hacer todo lo que yo les digo. Al principio, cuando todavía me daban un poco de miedo, descubrí que, cuando me asustaban, si les mandaba que se fueran, ellos se iban.
Yo les decía:

"¡Monstruo, vete!",

y ellos se marchaban. Bueno, la verdad es que al principio tardaban un poco en irse porque les encantaba estar con sus dueños, salir a comer y esconder las cosas. Pero ahora que somos muy amigos, ya no salen nunca a **asustarme**.

Saben que, cuando quiero verlos, abro este libro y aquí están todos, deseando que juegue con ellos y que les dé de comer.

Por eso ya no me dan miedo ni mis monstruos, ni dormir solo, ni los ruidos, ni mirar debajo de la cama ni dentro de los armarios, porque son solo eso, ¡mis monstruos!

¡Ah! Se me olvidaba una última cosa. ¿Quieres saber lo que comen los monstruos? Pues tienen muy mala fama, pero realmente los monstruos solo comen...

¡Calcetines!

¿Alguna vez te ha faltado algún calcetín?

TODOS mis MonstruoS

APULEYO EDICIONES   FOMENTO DE VALORES   CUENTOS ILUSTRADOS

Jorge Aranda Zarzuela

APULEYO EDICIONES   FOMENTO DE VALORES   CUENTOS ILUSTRADOS